La unión hace la Corteza... ¡La Fuerza es! Guía para la Fuerza Individual y la Unión Consciente para Crear un Futuro Positivo

Prefacio

Bienvenidos a un viaje de exploración interior y colectiva, un camino a través del poder de la fuerza individual y el arte de la unión consciente. En este libro, titulado "La unión hace la Corteza... ¡La Fuerza es!", nos sumergiremos en conceptos profundos y transformadores que buscan iluminar el camino hacia un futuro positivo.

La filosofía clave que guía esta exploración está encapsulada en el dicho "La unión hace la Corteza... ¡La Fuerza es!" Una perspectiva que no solo desafía el concepto tradicional de fuerza derivada de la unidad, sino que revela una verdad más profunda: la fuerza ya reside dentro de nosotros. La unidad, cuando es guiada por principios positivos, se convierte en la "corteza" que protege y preserva el futuro de la creación positiva.

Estas páginas son una invitación a explorar la fuerza que reside dentro de ti, a tomar decisiones iluminadas que no solo moldean tu destino personal sino que contribuyen al bien común. Cada capítulo es una pieza de conocimiento, una oportunidad para la reflexión y el crecimiento.

Desde reconocer la fuerza individual hasta la crítica constructiva del dicho popular "La unión hace la fuerza", desde profundizar en el concepto de fuerza como elección consciente hasta la conciencia de los peligros de la agregación negativa, este libro ofrece un viaje lleno de ideas para la transformación personal y colectiva.

A través de la belleza de la unión positiva, el análisis de la mafia mental y las emociones destructivas, y la defensa de la fuerza individual contra las agregaciones negativas, exploraremos cómo cada individuo puede contribuir a la creación de una sociedad más positiva.

La transformación de la energía negativa según la filosofía argentina, la creación de la "corteza" que protege el futuro y las estrategias para defenderse de los ataques de las agregaciones negativas son etapas fundamentales en el camino propuesto.

Concluimos nuestro viaje con una invitación a reconocer que la fuerza es un viaje, no un destino. Cada elección, cada acción contribuye al tejido de nuestra historia personal y colectiva. La fuerza está dentro de ti, lista para guiarte hacia un futuro positivo.

Toma este libro no solo como una guía, sino como un compañero de viaje. Que cada página sea una fuente de inspiración, un llamado a la acción y un recordatorio de

que la fuerza es un don intrínseco
que, cuando se cultiva con
conciencia, ilumina el camino
hacia un futuro de crecimiento,
prosperidad y bien común.

¡Buen viaje!

Federico Carminati Autor

Capítulo 1: Introducción - El Arte de la Fuerza Individual

En el vasto teatro de la vida, cada individuo está llamado a interpretar su propio papel con una fuerza única e irrepetible. La esencia de esta fuerza reside en la autoconciencia y en la capacidad de tomar decisiones iluminadas, transformando así la propia existencia en una obra de arte en continua evolución.

La Fuerza como Expresión Individual:

En un mundo a menudo caracterizado por la frenesía y las presiones externas, es fundamental reconocer el potencial intrínseco que reside en cada individuo. La fuerza individual no es simplemente una característica, sino más bien una oportunidad de expresarse de manera única y auténtica.

Es el arte de moldear el propio
destino a través de decisiones
consideradas, acciones
resolutivas y resultados positivos.

Desarrollar la Fuerza a través de Decisiones Conscientes:

La fuerza individual se nutre de
decisiones conscientes. Cada
decisión, grande o pequeña, es
un pincel que pinta el cuadro de
nuestra existencia. Al reconocer
el poder de nuestras elecciones,
somos capaces de dar forma a
nuestro camino de maneras que
reflejen nuestra autenticidad y
nos guíen hacia una realización
más profunda.

El Arte de las Acciones Resolutivas:

Las acciones son el medio a
través del cual la fuerza individual
encuentra su expresión tangible
en el mundo. Enfrentar desafíos
con determinación, perseguir

objetivos con pasión y actuar de manera resuelta son los pinceles que crean los rasgos distintivos de nuestra obra de arte personal. Cada acción positiva contribuye a un crescendo de fuerza que impregna nuestra vida.

Resultados Positivos: La Manifestación de la Fuerza:

La fuerza individual alcanza su cénit en los resultados positivos que generamos. La realización de objetivos, la creación de impactos significativos y la construcción de relaciones saludables son testimonios tangibles de la fuerza que fluye a través de nosotros. Estos resultados no solo enriquecen nuestra vida, sino que también iluminan el camino para otros.

La Invitación al Arte de la Fuerza Individual:

Este libro es una invitación a emprender un viaje de

descubrimiento personal, a reconocer la propia fuerza como una forma de arte en continua evolución. A través de la exploración de conceptos, historias y ejemplos prácticos, nos sumergiremos en la profundidad de la conciencia individual, abriendo las puertas a la creación de una obra maestra única.

Preparémonos para desvelar los secretos del arte de la fuerza individual, porque cada página de este libro será un lienzo en blanco sobre el cual pintar nuestro camino único e irrepetible en la búsqueda de la fuerza interior.

Capítulo 2: El Engaño del Dicho Popular: "La Unión Hace la Fuerza"

En el amplio repertorio de dichos populares que han moldeado nuestra percepción de la realidad, pocos están tan arraigados en nuestra cultura como el antiguo adagio "La Unión Hace la Fuerza". Sin embargo, detrás de su aparente sabiduría, se esconde un engaño que puede llevar a resultados perjudiciales cuando la unión carece de principios positivos y nobles.

La Visión Tradicional: Una Unión Noble y Constructiva:

Comencemos reconociendo el lado positivo de este dicho popular. La idea de unir fuerzas para enfrentar desafíos comunes, construir comunidades y trabajar juntos por el bien común es intrínsecamente válida. Sin embargo, como toda espada de doble filo, la fuerza de la unión puede ser distorsionada cuando no está guiada por principios positivos.

El Engaño de la Agregación Negativa: Mafia Mental y Emociones Destructivas:

La unión no es automáticamente sinónimo de fuerza positiva. En muchos contextos, la agregación negativa puede manifestarse en forma de "mafia mental", donde grupos de individuos se unen no para perseguir objetivos nobles, sino para alimentar emociones destructivas como la envidia, la ira y los celos. De esta manera, la unidad se convierte en un arma contra aquellos que se distinguen por su inteligencia o éxito, creando una espiral negativa de comportamientos dañinos.

**El Riesgo de la
Homogeneización: Renunciar a
la Individualidad:**

Otra trampa peligrosa de la unión
no guiada por principios positivos
es la homogeneización.

Cuando los individuos se unen sin
mantener su individualidad y
autonomía de pensamiento, el
resultado puede ser la pérdida de
la unicidad que los caracteriza.
Este fenómeno puede llevar a una
especie de "pensamiento de
grupo" que suprime la creatividad
y la innovación.

**Lección de la Evil Union:
Cuando la Unidad es
Destructiva:**

Examinemos de cerca ejemplos
históricos y contemporáneos en
los que la unión ha sido utilizada
como herramienta de
destrucción. Desde sectas de
pensamiento único hasta
organizaciones criminales, tales

casos demuestran cómo la unión sin principios positivos puede convertirse en una fuerza oscura, capaz de socavar la estabilidad y el bienestar.

La Nueva Interpretación: Guiar la Unión con Principios Nobles:

Debemos reescribir el dicho popular para adaptarlo a una visión más completa y positiva: "La unión hace la Corteza... ¡La Fuerza es!" Esto sugiere que la fuerza ya está presente en cada individuo, y la unión puede convertirse en una corteza protectora cuando es guiada por principios nobles. La unión debe ser un arma para el bien, no para el mal.

Guía para la Reflexión: La Fuerza Individual como Precondición para la Unión:

Concluimos el capítulo invitando a los lectores a reflexionar sobre su fuerza individual antes de buscar la unión con otros. Solo individuos conscientes de su propia fuerza pueden contribuir a una unión positiva y constructiva. La fuerza individual debe preceder y guiar la unión, creando así una base sólida para la creación de un mundo mejor.

En este capítulo, hemos mirado más allá de la superficie del adagio popular, revelando las sombras oscuras de una unidad no guiada por principios nobles. La verdadera fuerza no reside solo en la unión, sino en la conciencia y la guía de principios positivos que pueden transformar la agregación en una fuerza constructiva y beneficiosa para todos.

Capítulo 3: La Fuerza como Elección Consciente: El Poder de la Conciencia

La verdadera fuerza, aquella que impregna cada aspecto de nuestra existencia, reside en la iluminación de la conciencia. En este capítulo, exploraremos cómo la autoconciencia es el fundamento sobre el cual se erige la fuerza individual, transformando las elecciones cotidianas en una obra de arte que incide en el camino de nuestra vida.

La Conciencia como Clave de Lectura de la Existencia:

Imaginemos la conciencia como una luz penetrante que disipa las sombras de la ignorancia. Nos permite mirar dentro de nosotros, comprender nuestros pensamientos, emociones y acciones con una claridad que va más allá de la superficie. La conciencia es la clave de lectura de la existencia, un faro que ilumina cada rincón de nuestro ser.

Reconocer la Propia Fuerza Interior:

La autoconciencia es el primer paso para reconocer la fuerza que reside en cada uno de nosotros. Es la capacidad de observar sin juzgar, de aceptar nuestras debilidades y, al mismo tiempo, de reconocer nuestras potencialidades latentes. Cuando nos volvemos conscientes de nuestra fuerza interior, podemos comenzar a moldear nuestro destino con elecciones iluminadas.

Elegir con Intención: El Arte de las Elecciones Iluminadas:

La fuerza no es solo una característica estática; es

dinámica, se manifiesta a través de las elecciones que hacemos cada día. Las elecciones iluminadas son aquellas hechas con intención y conciencia. En lugar de actuar de manera impulsiva o reactiva, nos acercamos a las decisiones con atención ponderada, considerando las consecuencias y el impacto en nuestra vida y en la de los demás.

La Fuerza de la Resiliencia: Aceptar y Crecer:

La conciencia nos otorga la capacidad de enfrentar desafíos con resiliencia. Cuando comprendemos plenamente nuestras capacidades y limitaciones, somos capaces de aceptar las adversidades sin sucumbir. La resiliencia es una manifestación tangible de la fuerza interior, ya que nos permite transformar las pruebas de la vida en oportunidades de crecimiento.

La Autenticidad como Manifestación de la Fuerza:

La conciencia también nos guía hacia la autenticidad. Ser verdaderos con nosotros mismos requiere una profunda conciencia de nuestras creencias, valores y aspiraciones. Cuando vivimos en armonía con nuestra autenticidad, nos convertimos en una fuerza irresistible que influye positivamente en los demás y en el mundo que nos rodea.

Practicar la Atención Plena: El Entrenamiento de la Fuerza Interior:

La conciencia puede ser cultivada a través de la práctica de la atención plena. Nos enseña a vivir en el momento presente, a ser conscientes de nuestras experiencias sin ser arrastrados por el pasado o preocupados por el futuro. La atención plena es un entrenamiento para la fuerza interior, que nos ayuda a mantener la calma, la claridad y la sabiduría en las situaciones más complejas.

Conclusión: Iluminar el Camino de la Fuerza:

En conclusión, la fuerza individual encuentra su raíz en la autoconciencia. Este capítulo es una invitación a explorar el poder de la conciencia, a reconocer la fuerza interior que ya reside en cada uno de nosotros. Solo a través de elecciones iluminadas, hechas con intención y conciencia, podemos transformar nuestra vida en una obra maestra en continua evolución, alimentada por la luz brillante de nuestra fuerza interior.

Capítulo 4: El Peligro de la Agregación Negativa: Mafia Mental y Emociones Destructivas

Al analizar la agregación negativa, entramos en un territorio complicado y a menudo oscuro, donde las conexiones entre individuos pueden transformarse en una fuerza destructiva. En este capítulo, examinaremos cuidadosamente cómo la agregación negativa, alimentada por emociones destructivas, puede dar lugar a comportamientos dañinos, conduciendo a la formación de lo que podríamos llamar una "mafia mental".

**La Formación de la Mafia
Mental: Un Pacto Oscuro:**

La agregación negativa comienza
con individuos que comparten
emociones negativas como
envidia, rabia o resentimiento.
Estas emociones se convierten en
el pegamento que mantiene unido
al grupo, formando una "mafia
mental". En este pacto oscuro,
los individuos convergen para
perseguir un objetivo común:
dañar, suprimir o destruir a
alguien o algo que perciben como
una amenaza.

**Emociones Destructivas como
Combustible:**

Las emociones destructivas,
como la envidia y la rabia, actúan
como combustible para la
agregación negativa. La envidia
puede transformarse en un deseo
enfermizo de disminuir a los
demás, mientras que la rabia se
convierte en un catalizador para
acciones vengativas. Estas

emociones, cuando se cultivan colectivamente, alimentan la máquina de la "mafia mental", haciéndola cada vez más poderosa en la persecución de sus objetivos destructivos.

El Ciclo Vicioso de la Mente Colectiva:

La agregación negativa crea un ciclo vicioso dentro de la "mafia mental". Los individuos comparten y refuerzan sus emociones destructivas a través de la comunicación y la interacción constante. El grupo se convierte en un terreno fértil para la cultivación de ideas y planes malévolos, alimentando aún más el ciclo destructivo.

La Resonancia de las Emociones Negativas:

La agregación negativa crea una resonancia de emociones negativas dentro del grupo. Las emociones se intensifican a través de la retroalimentación mutua, transformándose en una fuerza disruptiva que guía las acciones del colectivo. La mente colectiva se nutre de estas emociones, empujando al grupo hacia comportamientos cada vez más dañinos.

El Rol de la Identidad de Grupo:

La identidad de grupo dentro de la "mafia mental" se convierte en un componente clave. Los individuos refuerzan su pertenencia al grupo, identificándose cada vez más con el objetivo común. Esta identidad de grupo puede sobrepasar la individualidad, llevando a una ceguera colectiva frente a las consecuencias morales de sus acciones.

**Las Consecuencias de la
Agregación Negativa:
Destrucción y Sufrimiento:**

La agregación negativa, cuando
evoluciona en una "mafia mental",
lleva inevitablemente a
consecuencias destructivas. El
objetivo común del grupo puede
manifestarse a través de acciones
dañinas hacia individuos,
organizaciones o ideas
consideradas hostiles. Estas
acciones pueden causar
sufrimiento, destruir reputaciones
y poner en riesgo la estabilidad
social.

**Estrategias de Defensa:
Romper el Ciclo de la
Agregación Negativa:**

Concluimos explorando
estrategias de defensa contra la
agregación negativa. Estas
estrategias incluyen la promoción
de la conciencia individual de las
emociones, la educación sobre la
gestión de emociones

destructivas y la creación de comunidades basadas en valores positivos. Romper el ciclo de la agregación negativa requiere un compromiso colectivo para promover la conciencia y construir una cultura de respeto mutuo.

En este capítulo, hemos sondeado las profundidades del peligro asociado con la agregación negativa, destacando cómo las emociones destructivas y la identidad de grupo pueden confluir en comportamientos dañinos. Entender esta dinámica compleja es fundamental para desarrollar defensas efectivas y promover una sociedad basada en la cooperación positiva en lugar de la destrucción mutua.

Capítulo 5: La Belleza de la Unión Positiva: Elecciones Nobles y Objetivos Comunes

En un mundo a menudo caracterizado por tensiones y conflictos, el aspecto positivo de la agregación emerge cuando está guiado por valores nobles y objetivos comunes. En este capítulo, exploraremos la belleza de la unión positiva, analizando cómo elecciones iluminadas e intenciones altruistas pueden moldear un futuro basado en la cooperación, contribuyendo al bien común.

La Guía de Valores Nobles:

La unión positiva comienza con la guía de valores nobles. Cuando los individuos se unen con respeto, integridad y empatía como fundamentos, la agregación se convierte en un vehículo para el progreso y el crecimiento. La belleza de la unión reside en la construcción de relaciones basadas en la confianza mutua y la compartición de principios éticos.

Elecciones Iluminadas: Un Arte en Evolución:

La unión positiva se manifiesta a través de elecciones iluminadas, donde cada decisión está impregnada de conciencia y responsabilidad. Las elecciones iluminadas reflejan la belleza de individuos que, manteniendo su propia individualidad, colaboran por el bien común. Cada elección se convierte en una obra de arte en evolución, moldeada por la conciencia del impacto en la comunidad y en el mundo.

La Armonía de los Objetivos Comunes:

La belleza de la unión positiva se expande cuando los individuos convergen hacia objetivos comunes. Estos objetivos no son egoístas o limitados al individuo, sino que apuntan a la mejora colectiva. La armonía de los objetivos comunes crea una sinfonía de acciones coordinadas que contribuyen al bien común, elevando la calidad de vida para todos.

La Belleza de la Contribución Altruista:

La unión positiva alcanza su máxima expresión en la contribución altruista. Cuando los individuos se unen para servir a los demás sin esperar nada a cambio, se abre el camino a una belleza profunda y significativa. Este espíritu altruista crea un tejido social donde la bondad, la solidaridad y la compasión se convierten en las estrellas guía.

El Beneficio Colectivo: Un Mensaje de Esperanza:

La unión positiva crea un círculo virtuoso de beneficios colectivos. Cuando los individuos se unen para perseguir objetivos positivos, los resultados se reflejan en una mejora tangible de la calidad de vida para todos. Este es un mensaje de esperanza que señala la posibilidad de construir un futuro donde la agregación es sinónimo de progreso y bienestar.

La Fuerza de la Diversidad en la Unión Positiva:

Exploramos cómo la diversidad, cuando se abraza positivamente, se convierte en una fuerza en la unión. La belleza de la agregación positiva se manifiesta plenamente cuando individuos con perspectivas diferentes se unen, aportando una riqueza de ideas, culturas y habilidades. Esta diversidad se convierte en el alimento vital que impulsa la innovación y la evolución.

Desafíos y Estrategias para una Unión Positiva Duradera:

Enfrentamos los desafíos que pueden surgir incluso en la unión positiva y proponemos estrategias para superarlos. Ser conscientes de los retos potenciales, como la gestión de conflictos y la preservación de la individualidad, es fundamental para asegurar una unión positiva duradera y significativa.

Conclusiones: La Belleza de un Mundo Unido por el Bien Común:

Concluimos este capítulo abriendo una ventana a la belleza de un mundo donde la unión está guiada por elecciones nobles y objetivos comunes. La belleza reside en el arte de crear un futuro en el que la agregación positiva es un faro de esperanza, una oportunidad de construir un mundo mejor para las generaciones presentes y futuras.

A través de la exploración de la belleza de la unión positiva, nos acercamos a un modelo de convivencia basado en la cooperación, el amor y el altruismo, donde la fuerza de la agregación se convierte en una fuerza para el bien común.

Capítulo 6: La Defensa de la Fuerza Individual: Resistir a la Agregación Negativa

En el camino de la vida, los individuos a menudo se enfrentan a desafíos provenientes de agregaciones negativas. En este capítulo, exploraremos estrategias para defender la fuerza individual, proporcionando a los individuos buenos las herramientas necesarias para resistir los ataques de las agregaciones negativas y transformar la energía negativa en una fuerza positiva.

Comprender las Dinámicas de la Agregación Negativa:

El primer paso en la defensa de la fuerza individual es comprender las dinámicas de la agregación negativa.

Analizaremos cómo los individuos malintencionados se unen para perseguir objetivos dañinos y cómo estas agregaciones pueden influir negativamente en la vida de los individuos positivos. La conciencia es la base sobre la cual construir una defensa efectiva.

Fortalecer la Fuerza Interior:

La defensa de la fuerza individual comienza con el fortalecimiento de la fuerza interior. Los individuos buenos deben cultivar una conciencia profunda de sus habilidades, valores y objetivos. Este proceso de autoconocimiento proporciona una base sólida sobre la cual resistir a las influencias negativas externas, manteniendo firme la propia identidad e integridad.

Desarrollar una Mentalidad Resiliente:

La resiliencia es una de las armas más poderosas en la defensa contra la agregación negativa. Exploraremos cómo desarrollar una mentalidad resiliente que permita a los individuos enfrentar los desafíos sin sucumbir. La resiliencia ayuda a transformar las dificultades en oportunidades de crecimiento, manteniendo intacta la fuerza individual incluso en los momentos más difíciles.

Gestionar las Emociones Negativas: Transformar la Energía:

Las emociones negativas pueden ser como flechas lanzadas por agregaciones negativas. Examinaremos estrategias para manejar estas emociones de manera saludable y transformadora. La transformación de la energía negativa en positiva es un acto de

resistencia y autodefensa que
permite a los individuos buenos
mantener su claridad mental y su
fortaleza de ánimo.

**Saber Decir No: Establecer
Límites Saludables:**

La defensa de la fuerza individual
requiere la capacidad de decir no
cuando es necesario. Exploramos
el arte de establecer límites
saludables, reconociendo cuándo
la participación en una
agregación podría ser dañina.
Establecer límites claros es
esencial para preservar la propia
integridad y proteger la fuerza
individual.

**Buscar Apoyo Positivo:
Construir Alianzas Saludables:**

La fuerza individual encuentra
apoyo en la agregación positiva.
Examinaremos cómo buscar el
apoyo de individuos positivos y
construir alianzas saludables
puede fortalecer la resistencia

contra las agregaciones
negativas. La unión con personas
que comparten valores similares
crea un escudo protector contra
las influencias dañinas.

**Educarse sobre las Tácticas
Manipulativas: Estar Alerta y
Preparados:**

La defensa efectiva requiere
conocer las tácticas
manipulativas utilizadas por las
agregaciones negativas. Los
individuos buenos deben estar
alertas y preparados, educándose
sobre las estrategias
manipulativas que podrían ser
adoptadas. La conciencia es la
primera línea de defensa contra
los ataques que buscan socavar
la fuerza individual.

**Cultivar la Compasión como
Escudo:**

La compasión es un poderoso
escudo contra la agresión de las
agregaciones negativas.

Exploraremos cómo cultivar la compasión hacia uno mismo y hacia los demás puede neutralizar la energía negativa, transformándola en un motor de conexión y sanación. La compasión es una fuerza que eleva la fuerza individual, haciéndola inmune a las intenciones negativas.

Conclusiones: Una Defensa Vigilante para la Fuerza Individual:

En conclusión, la defensa de la fuerza individual es un proceso continuo y consciente. Los individuos buenos deben estar vigilantes, preparados y comprometidos en cultivar una fuerza que esté a salvo de las influencias dañinas. Este capítulo ofrece un arsenal de estrategias para resistir a la agregación negativa y transformar los desafíos en oportunidades de crecimiento y afirmación de la propia fuerza individual.

Capítulo 7: La Transformación de la Energía Negativa: De Algo Malo, a Algo Bueno

En la cultura argentina, existe una filosofía poderosa y llena de sabiduría que dice "De algo malo, a algo bueno". En este capítulo, exploraremos profundamente esta filosofía y cómo la transformación de la energía negativa puede llevar a victorias a largo plazo. Descubriremos estrategias para adoptar este enfoque en la vida cotidiana.

Comprender la Esencia de "De Algo Malo, a Algo Bueno":

El núcleo de esta filosofía reside en la capacidad de transformar las experiencias negativas en oportunidades de crecimiento y

cambio positivo. Comenzaremos
con un análisis detallado de cómo
la perspectiva argentina puede
informar nuestras acciones
diarias, impulsándonos a ver más
allá de las adversidades iniciales.

**La Fuerza de la Perspectiva
Optimista:**

La perspectiva optimista es el
punto de partida crucial en la
transformación de la energía
negativa. Examinaremos cómo
desarrollar una actitud que,
incluso frente a los desafíos, vea
el potencial para algo positivo.
Esto no significa negar la
realidad, sino adoptar un filtro que
nos permita extraer enseñanzas
positivas de las situaciones
difíciles.

**La Creatividad al Enfrentar las
Adversidades:**

Exploraremos cómo la creatividad
puede ser un recurso valioso en la
transformación de la energía

negativa. El enfoque creativo nos permite encontrar soluciones innovadoras a los problemas, transformando los obstáculos en oportunidades. La creatividad se convierte así en un aliado poderoso en el proceso de transformación.

La Resiliencia como Fundamento de la Transformación:

La resiliencia es un elemento clave en el manejo de la energía negativa y su transformación en algo positivo. Analizaremos cómo desarrollar la resiliencia es esencial para superar las adversidades y cómo esta actitud puede llevar a victorias a largo plazo. La resiliencia es la flexibilidad que nos permite doblarnos, pero no rompernos frente a las dificultades.

El Poder de la Reflexión:

La filosofía argentina sugiere que reflexionar sobre las experiencias negativas es un paso fundamental en la transformación de la energía. Exploraremos cómo la reflexión profunda sobre las circunstancias difíciles puede ayudarnos a comprendernos mejor, apreciar las lecciones aprendidas y aprovechar los desafíos.

La Visión a Largo Plazo:

Una de las características más poderosas de "De algo malo, a algo bueno" es su conexión con una visión a largo plazo. Analizaremos cómo esta perspectiva puede guiar nuestras acciones diarias, impulsándonos a no concentrarnos solo en la derrota inmediata, sino en la victoria a largo plazo que puede surgir de la transformación de la energía negativa.

Estrategias Concretas para la Transformación:

Ofrecemos estrategias concretas para implementar la filosofía argentina en la vida diaria. Estas estrategias incluyen prácticas de mindfulness, técnicas de manejo del estrés y la adopción de un enfoque proactivo para buscar oportunidades de crecimiento incluso en las situaciones más difíciles.

Historias de Éxito: Transformaciones Inspiradoras:

Concluimos el capítulo con historias de éxito que ilustran cómo individuos han transformado situaciones aparentemente negativas en resultados positivos. Estas historias sirven de inspiración, demostrando el potencial transformador de la filosofía "De algo malo, a algo bueno".

A través de la profunda
exploración de la filosofía
argentina, aprendemos que la
transformación de la energía
negativa requiere una perspectiva
abierta, creatividad, resiliencia y
una visión a largo plazo. Este
enfoque no solo nos ayuda a
superar las adversidades, sino
que también nos guía hacia
victorias duraderas que surgen
del acto mismo de transformar la
energía negativa en algo bueno.

Capítulo 8: La Creación de la Corteza: Proteger el Futuro de la Creación Positiva

Ahora entramos en la fase crucial de nuestra exploración, donde abordamos cómo los individuos conscientes de su fuerza pueden unirse para crear una "corteza" protectora, salvaguardando así el futuro de su creación positiva. Examinaremos cómo esta "corteza" puede actuar como un baluarte contra influencias negativas y preservar el impacto positivo de las acciones colectivas.

Conciencia de la Fuerza Individual:

Comenzamos con la importancia de la conciencia de la fuerza individual. Los individuos deben reconocer y abrazar su fuerza intrínseca, comprendiendo cómo sus elecciones, acciones y resultados impactan no solo en sus propias vidas sino también en el tejido social más amplio. Esta conciencia constituye el fundamento sobre el cual construir la "corteza" protectora.

Unión Consciente por Objetivos Nobles:

La agregación consciente debe ser guiada por objetivos nobles. Exploraremos cómo los individuos conscientes de su fuerza pueden unirse de manera deliberada, seleccionando cuidadosamente a los socios de agregación y compartiendo una visión común. Esta unión consciente es la primera capa de la "corteza" que protegerá la creación positiva.

Compartir Principios Éticos:

La "corteza" protectora se refuerza compartiendo sólidos principios éticos. Los individuos deben comprometerse a seguir valores como la integridad, la bondad y la responsabilidad. Estos principios se convierten en el cemento que une la "corteza" y asegura su resistencia a las presiones negativas externas.

Comunicación Abierta y Constructiva:

Examinamos el papel crucial de la comunicación abierta y constructiva dentro de la "corteza" protectora. Los individuos deben ser capaces de expresar ideas, preocupaciones y objetivos de manera clara y respetuosa. Una comunicación efectiva es un elemento clave para la construcción de una "corteza" fuerte y resiliente.

Cultivo de la Resiliencia Colectiva:

La resiliencia colectiva es un elemento fundamental en la protección del futuro de la creación positiva. Exploraremos cómo los individuos dentro de la "corteza" pueden apoyarse mutuamente en tiempos difíciles, compartiendo lecciones aprendidas y transformando los desafíos en oportunidades de crecimiento. La resiliencia colectiva es el tejido conectivo que mantiene intacta la "corteza".

Adaptabilidad a la Complejidad del Contexto:

La creación de la "corteza" debe ser adaptable a la complejidad del entorno circundante. Los individuos deben ser capaces de revisar y adaptar sus estrategias de protección en respuesta a los cambios y nuevos desafíos. La adaptabilidad es un elemento clave para asegurar que la "corteza" siga siendo efectiva con el tiempo.

Valoración de la Diversidad:

Exploramos cómo la valoración de la diversidad puede contribuir a la solidez de la "corteza". La diversidad de perspectivas, habilidades y experiencias enriquece la "corteza", haciéndola más resistente y capaz de enfrentar una variedad de situaciones. La valoración de la diversidad es una inversión en la robustez de la protección.

Sostenibilidad a lo Largo del Tiempo:

La "corteza" debe ser sostenible a lo largo del tiempo. Los individuos conscientes de su fuerza deben comprometerse a mantener y fortalecer la "corteza" a lo largo del tiempo, asegurando que continúe protegiendo la creación positiva a largo plazo. Esto requiere un compromiso constante y una vigilancia compartida.

Contribución Positiva a la Sociedad:

Finalmente, exploramos cómo la "corteza" puede no solo proteger la creación positiva de los individuos involucrados sino también contribuir positivamente a la sociedad en general. La "corteza" puede convertirse en un faro de inspiración, demostrando cómo la unión consciente puede llevar a resultados duraderos y beneficios extendidos.

Conclusiones: La "Corteza" como Guardián del Bien Común:

Concluimos este capítulo reflexionando sobre la "corteza" como un elemento guardián del bien común. La creación y el mantenimiento de esta "corteza" requieren esfuerzo, conciencia y acciones colectivas. Cuando los

individuos conscientes de su
fuerza se unen para construir esta
"corteza", se convierten en los
custodios del bien común.

Capítulo 9: Conclusiones: La Fuerza Está Dentro de Ti

Llegamos al corazón de nuestro viaje, donde consolidamos los conceptos fundamentales e inspiramos a los lectores a reconocer y cultivar la fuerza que reside dentro de ellos. En esta etapa final, examinaremos cómo cada individuo puede hacer elecciones que contribuyan al bien común, moldeando así un futuro positivo.

Resumen de Conceptos Clave:

• Fuerza Individual Consciente: Hemos explorado la fuerza individual como resultado de elecciones, acciones y resultados positivos, enfatizando la importancia de la autoconciencia y la capacidad de tomar decisiones iluminadas.

• El Engaño del Dicho Popular: Hemos examinado críticamente el dicho "La unión hace la fuerza", reconociendo que la agregación debe ocurrir en contextos positivos y guiada por objetivos nobles para evitar consecuencias negativas.

• Fuerza como Elección Consciente: Hemos profundizado en el concepto de que la verdadera fuerza reside en la autoconciencia y en la capacidad de tomar decisiones conscientes, iluminando así el camino hacia una fuerza auténtica.

• Peligro de la Agregación Negativa: Hemos analizado cómo la agregación negativa puede conducir a comportamientos destructivos, como la mafia mental y emociones negativas, enfatizando la necesidad de defenderse de tales influencias.

• Belleza de la Unión Positiva:
Hemos explorado cómo la unión
guiada por valores nobles y
objetivos comunes puede ser
positiva, contribuyendo al bien
común y creando una "corteza"
que protege la creación positiva.

• Defensa de la Fuerza Individual:
Hemos ofrecido estrategias para
defenderse de los ataques de las
agregaciones negativas,
transformando la energía negativa
en positiva y manteniendo la
fuerza individual intacta.

• Transformación de la Energía
Negativa: Hemos profundizado en
la filosofía argentina de
transformar la energía negativa en
positiva, explorando cómo este
enfoque puede llevar a victorias a
largo plazo.

• Creación de la Corteza: Hemos
discutido cómo los individuos
conscientes de su fuerza pueden
unirse para crear una "corteza"
que protege el futuro de su

creación positiva, examinando los principios fundamentales para su construcción.

Fomentar el Descubrimiento de la Fuerza Interior:

La conclusión de este viaje es una invitación a cada lector a explorar la fuerza dentro de sí mismos. La fuerza no es un don reservado para unos pocos, sino un potencial intrínseco en cada uno de nosotros. Animamos a los lectores a mirar dentro de sí mismos, a reconocer sus capacidades, a tomar decisiones iluminadas y a perseguir resultados positivos.

Tomar Decisiones que Contribuyan al Bien Común:

La fuerza individual cobra significado cuando nuestras acciones contribuyen al bien común. Cada elección, grande o pequeña, tiene un impacto. Animamos a los lectores a considerar cómo sus acciones diarias pueden ser una contribución positiva al mundo que los rodea.

Apoyar e Inspirar a Otros:

La fuerza individual puede ser contagiosa. Animamos a los lectores a compartir su fuerza con otros, a apoyar a quienes lo necesitan y a ser una fuente de inspiración. De esta manera, la fuerza se difunde, creando una red de positividad que abarca la comunidad más amplia.

Cultivar la Autoconciencia y la Resiliencia:

La autoconciencia y la resiliencia son las claves para mantener y cultivar la fuerza interior. Invitamos a los lectores a practicar la autoconciencia, a enfrentar los desafíos con resiliencia y a aprender de las experiencias, moldeando así una fuerza que crece con el tiempo.

La Fuerza es un Viaje, No un Destino:

Recordamos a los lectores que la fuerza es un viaje continuo, no un destino. Cada día ofrece nuevas oportunidades para desarrollar la fuerza interior y contribuir al bien común. Somos los autores de nuestra historia, y la fuerza es la pluma con la que escribimos nuestro camino.

Una Invitación a Ser Agentes de Cambio Positivo:

Concluimos este capítulo y nuestro libro con una invitación a ser agentes de cambio positivo. Cada elección, cada acción puede ser un paso hacia un futuro mejor. Que cada lector se sienta llamado a explorar la fuerza dentro de sí mismo y a contribuir al bien común, convirtiéndose así en un faro luminoso en la vastedad del universo que todos compartimos. La fuerza está

dentro de ti, lista para iluminar tu
camino.

Conclusión: Iluminar el Camino de la Fuerza

Hemos llegado al final de este viaje a través de la fuerza individual y la unión consciente. En estas páginas, hemos explorado la profunda verdad de que "La unión hace la Corteza... ¡La Fuerza está!" y descubierto cómo cada uno de nosotros posee el potencial de contribuir a un futuro positivo.

El Poder de Vuestra Fuerza Interior:

Recuerden siempre que la fuerza es un don intrínseco, una luz que reside dentro de ustedes. Cada elección, cada acción puede ser guiada por esta fuerza interior, moldeando su camino personal.

La Belleza de la Unión Positiva:

Hemos explorado cómo la unión puede ser una fuerza positiva

cuando es guiada por valores nobles. La "corteza" que se crea a través de esta unión se convierte en la guardiana del bien común, protegiendo el futuro de nuestra creación positiva.

Defenderse y Transformar:

Has aprendido a defenderte de los ataques de las agregaciones negativas, transformando la energía negativa en un motor de cambio positivo. Esta capacidad de transformación es una de tus mayores fortalezas.

Llamada a la Acción:

Ahora, la llamada a la acción es para vosotros. Reflexionen sobre lo que han aprendido e integren estos conceptos en su vida diaria. Sean conscientes de sus elecciones, únanse a aquellos que comparten valores nobles y contribuyan al bien común.

El viaje de la fuerza es un camino continuo. Sean los arquitectos de su destino y agentes de cambio positivo en la sociedad. Cada paso que dan es una contribución al tejido más amplio del bien común.

La Fuerza está Dentro de Vosotros:

Finalmente, recuerden siempre que la fuerza está dentro de ustedes. Sean inspiración para los demás, difundan la luz de su fuerza individual y contribuyan a crear un futuro en el que todos puedan prosperar.

Gracias por haber sido compañeros en este viaje. Que la fuerza sea siempre su faro, iluminando el camino de su vida e inspirando a los demás a hacer lo mismo. Su viaje continúa. La fuerza está dentro de ustedes. ¡Adelante con valentía!

Federico Carminati